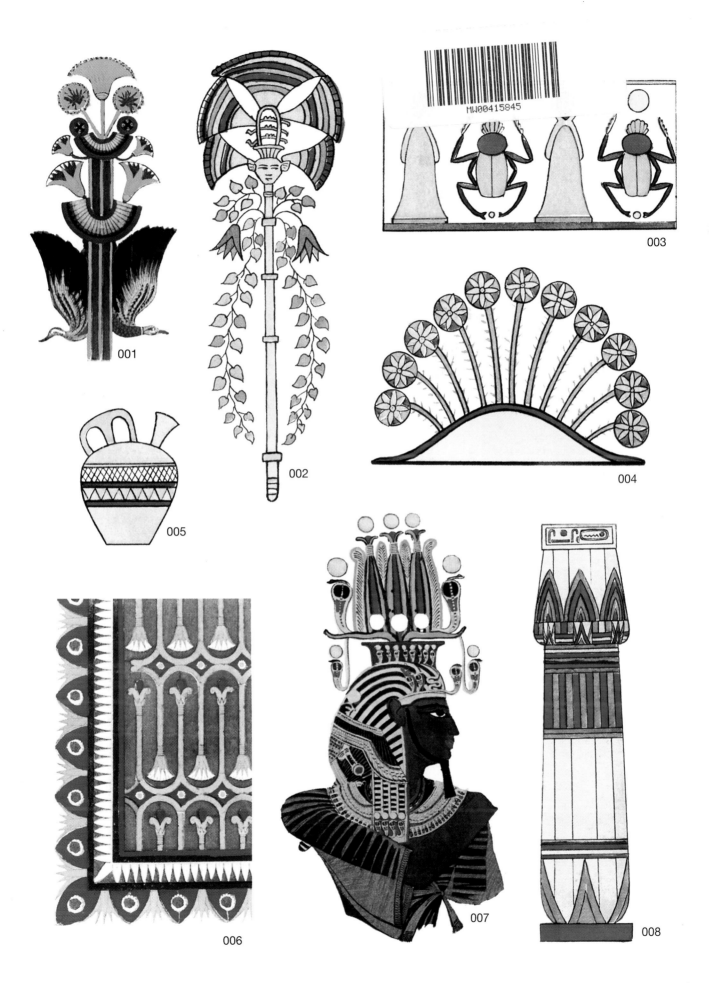

001

002

003

004

005

006

007

008

1

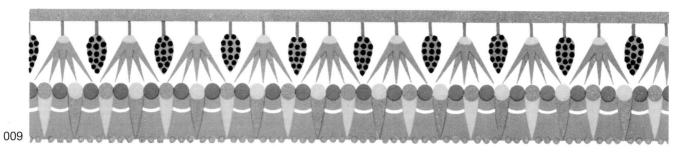

009

010

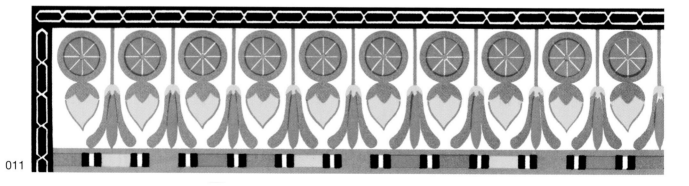

011

012

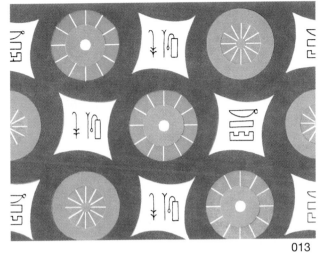

013

014

015

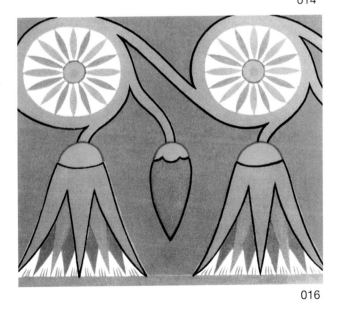

016

017

018

019

020

021

022

023

024

025

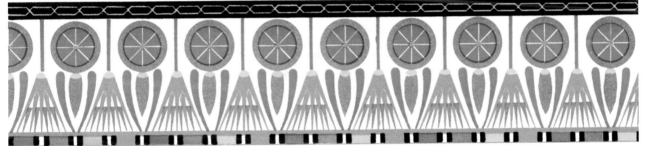

026

027

028

029

030

032

033

031

034

035

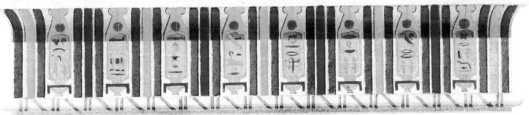

036

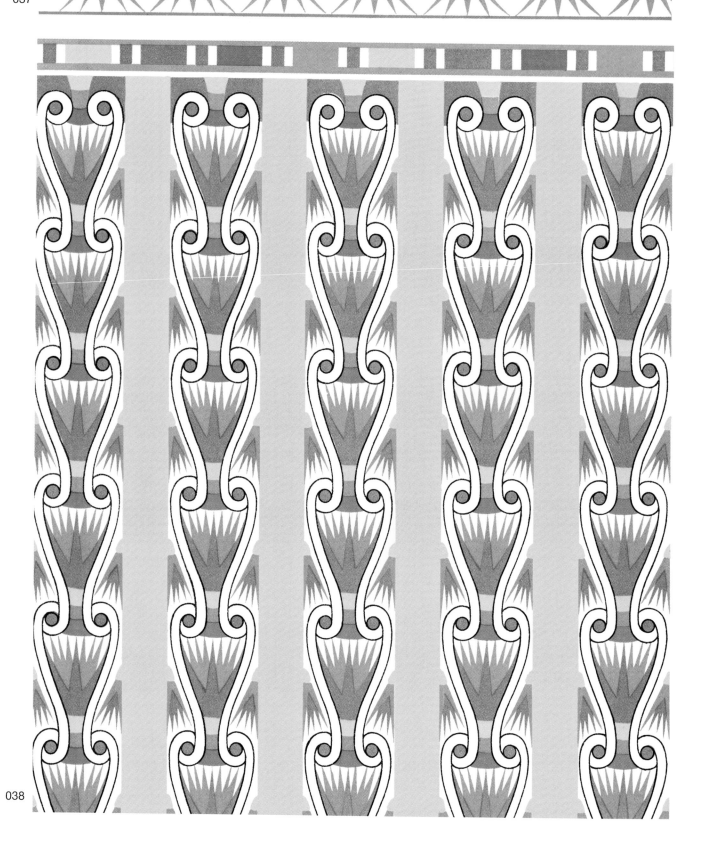

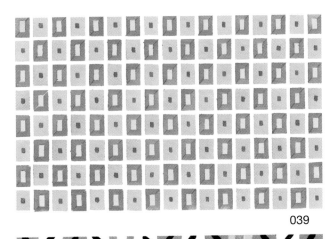

039

040

041

042

043

044

045

046

047

048

049

050

051

052

054

055

12

056

057

058

059

060

061

062

063

064

065

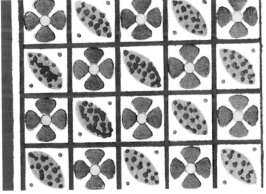

066

067

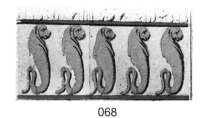

068

069

070

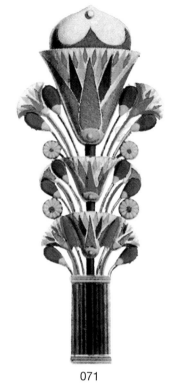

071

072

073

074

075

14

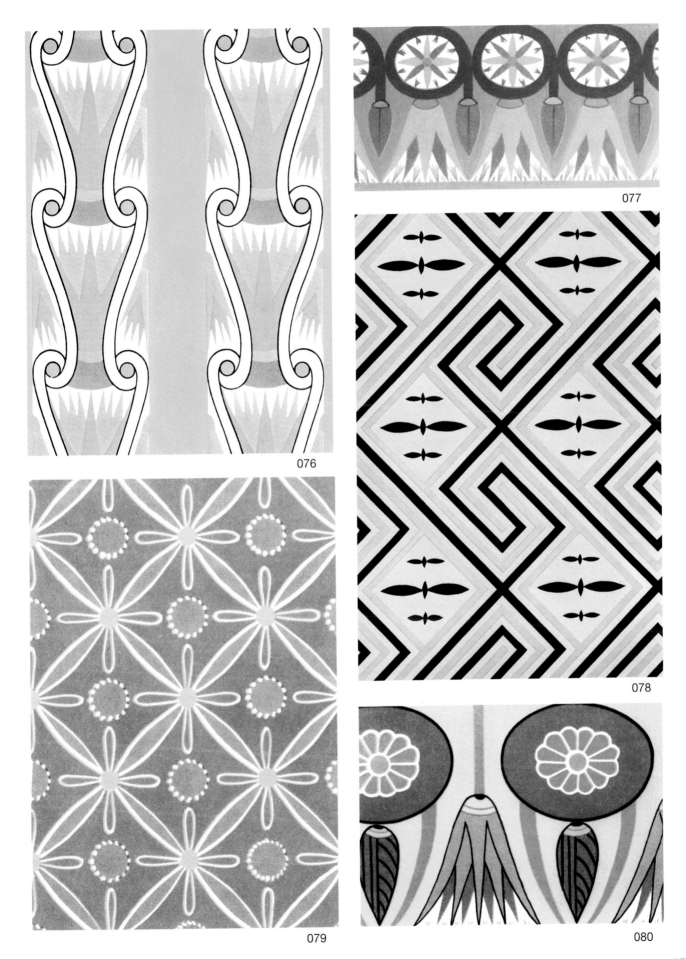

076

077

078

079

080

15

081

082

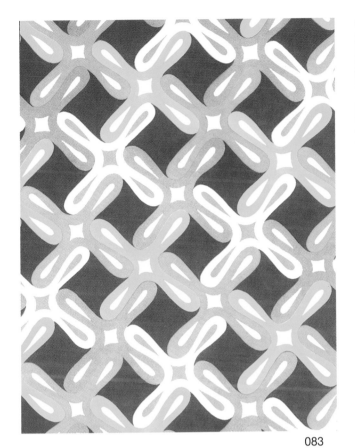

083

084

085

086

17

087

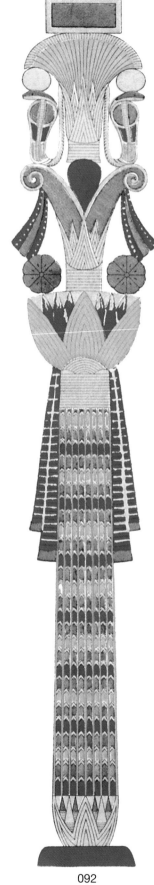

088

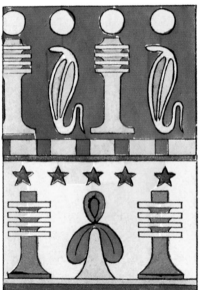

089

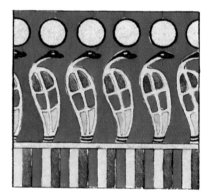

090

091

092

093

094

095

096

097

098

19

100

101

102

103

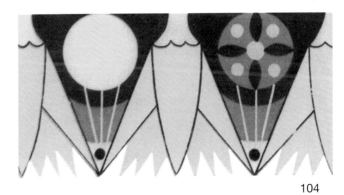

104

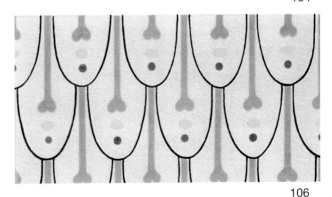

105

106

107

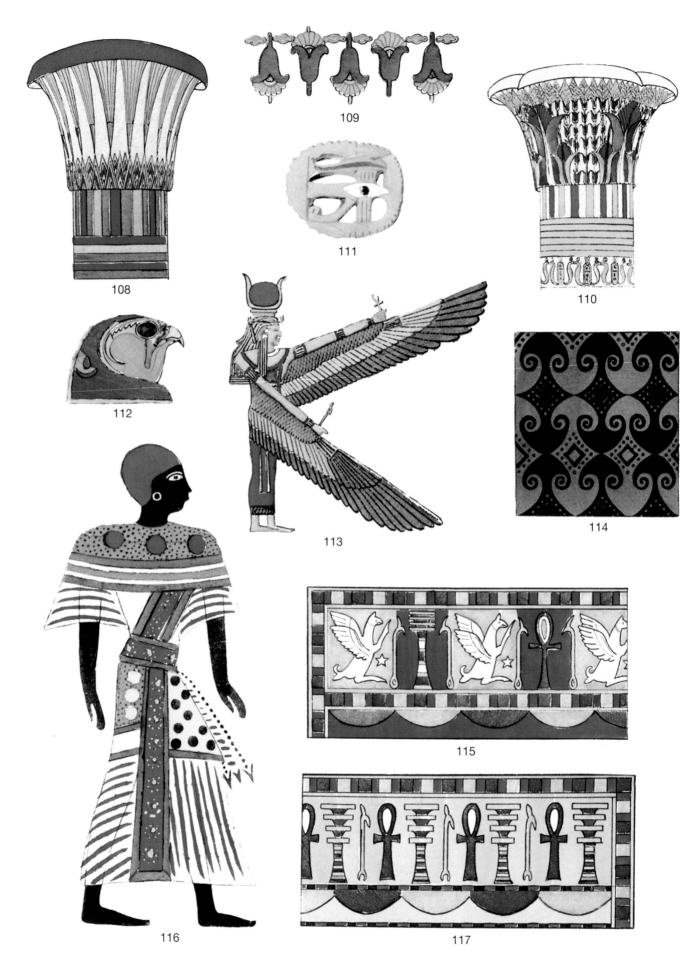

108

109

111

110

112

113

114

116

115

117

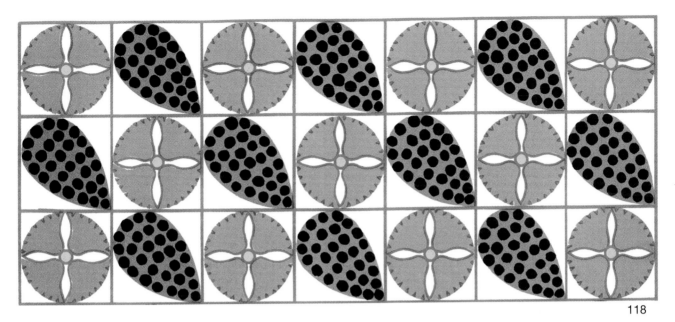

118

119

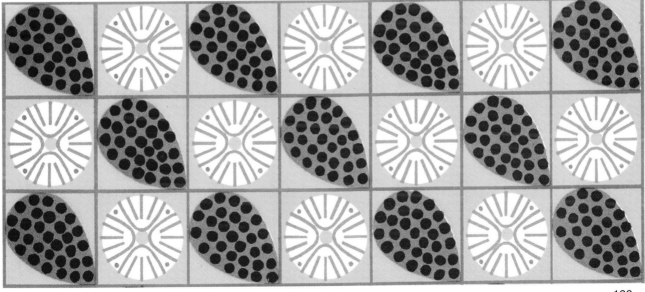

120

121

122

123

24

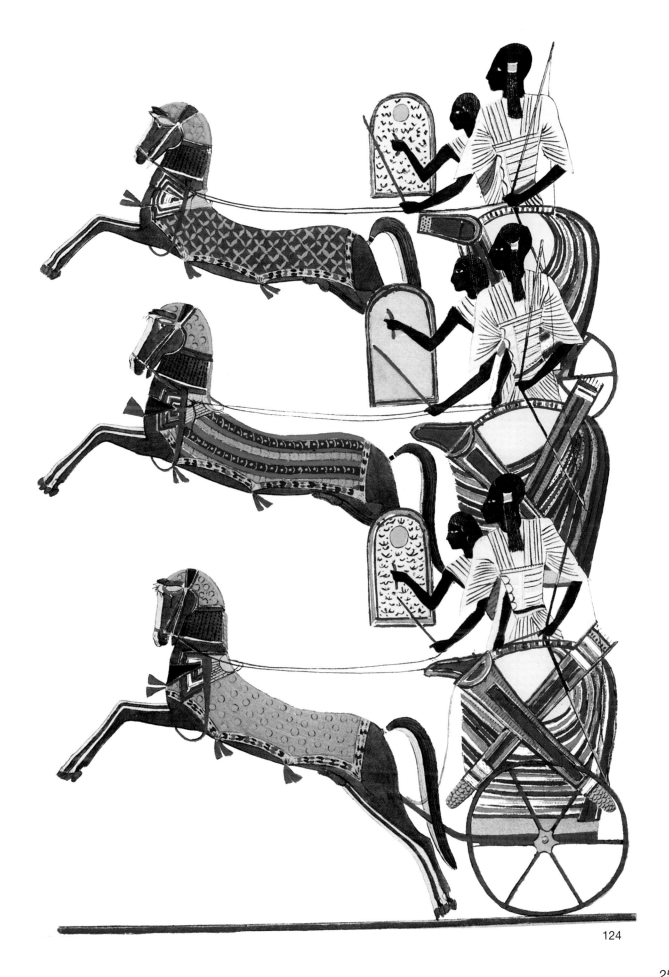

124

125

126

127

128

129

130

131

132

27

133

134

135

136

137

138

139

140

141

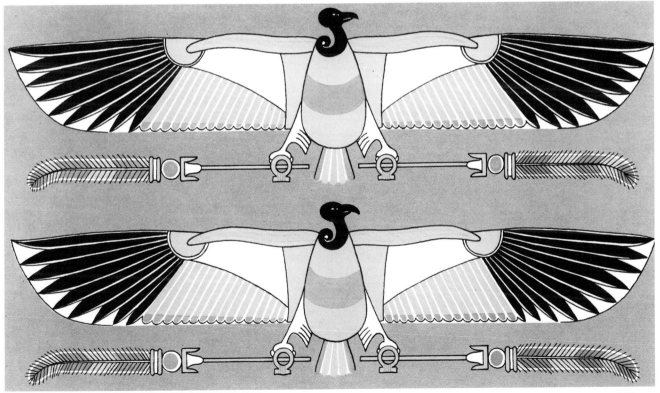

142

143

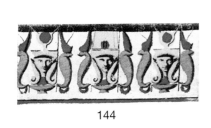

144

145

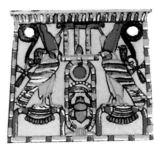

146

147

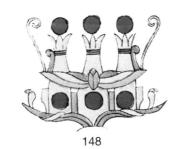

148

149

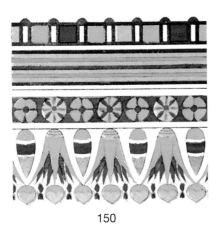

150

153

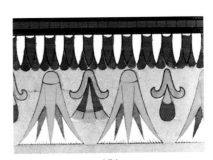

151

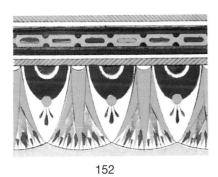

152

154

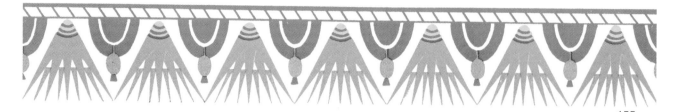

155

156

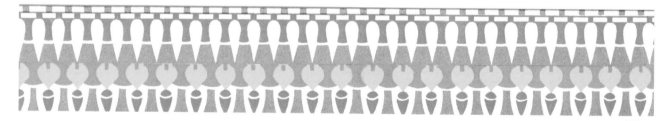

157

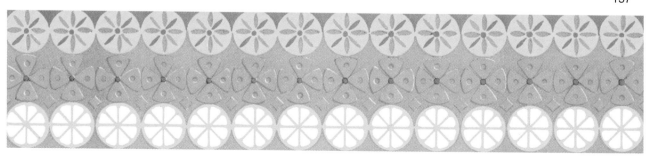

158

159

160

161

162

33

163

164

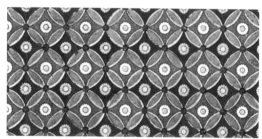

165

166   167

168

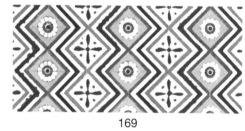

169

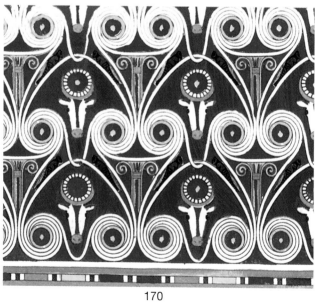

170

171

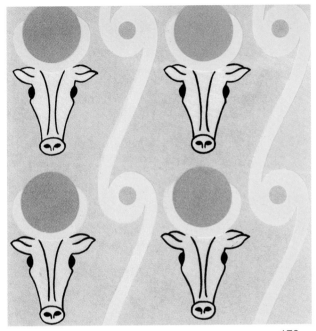

172

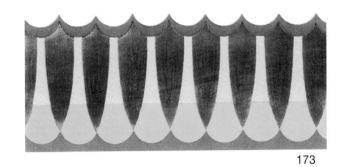

173

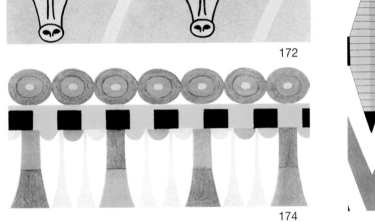

174

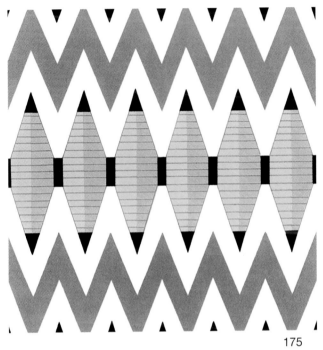

175

176

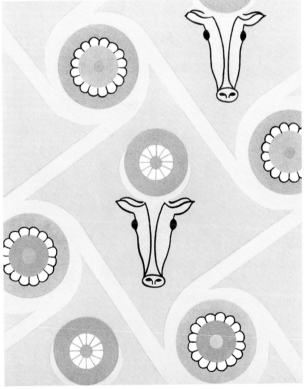

177

35

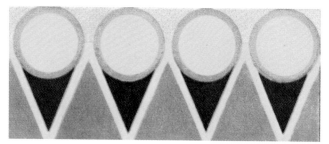

178

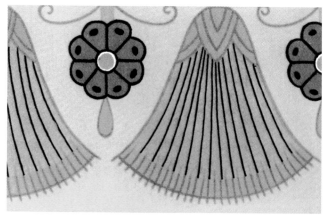

179

180

181

182

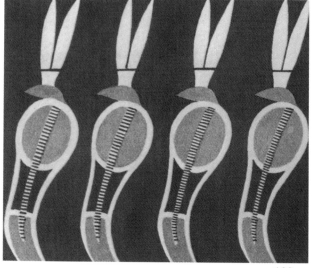

183

184

185

186

187

188

191

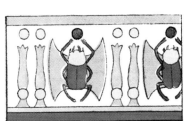

189

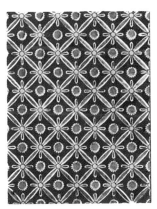

190

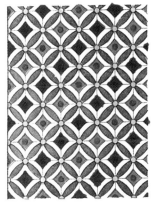

192

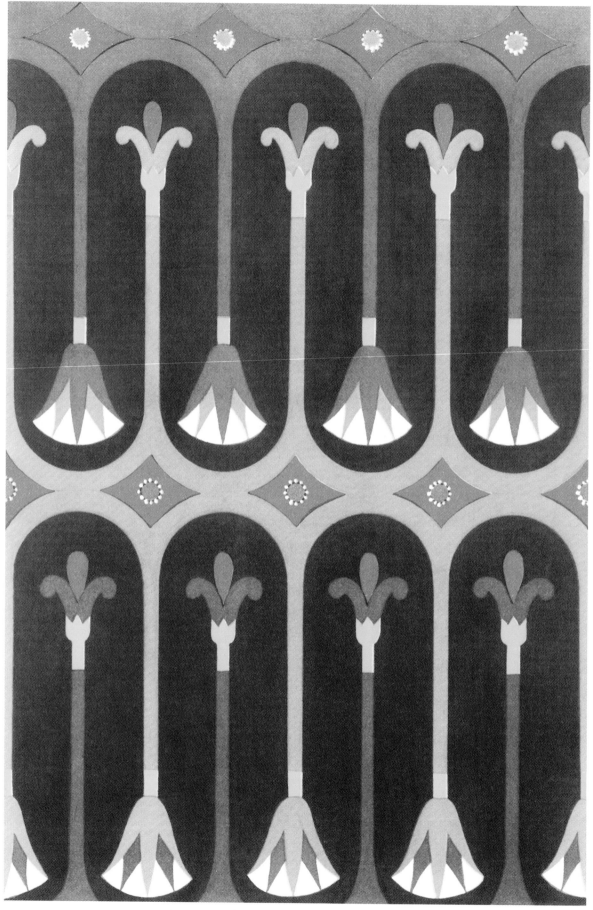

194

195

196

197

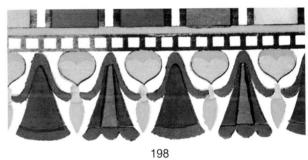

198

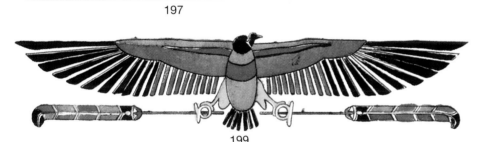

199

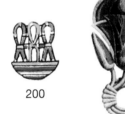

200

201

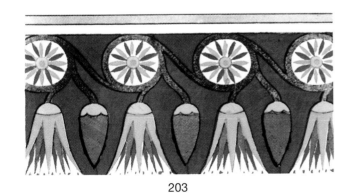

202

203

204

205

206

207

208

209

210

211

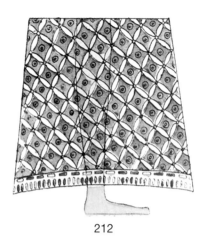

212

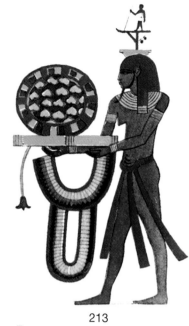

213

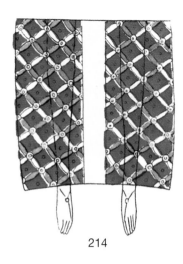

214

215

216

217

218

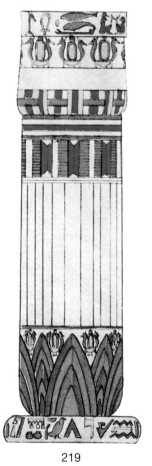

219

220

221

222

223

224

225

226

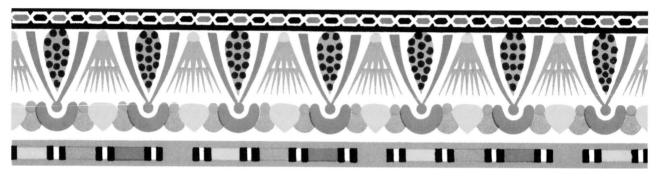

227

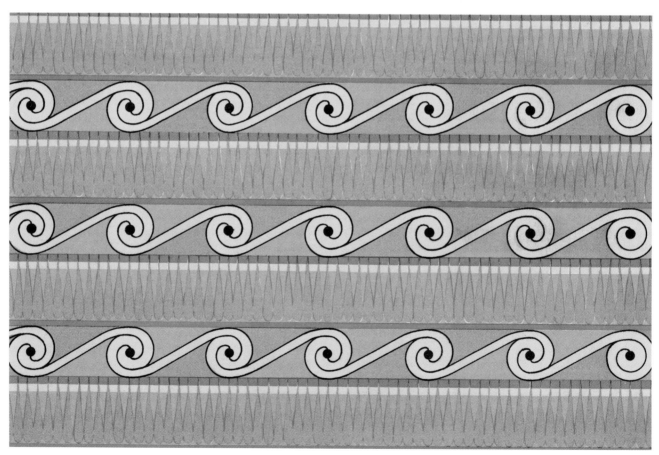

228

229

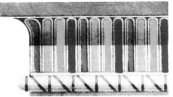

230

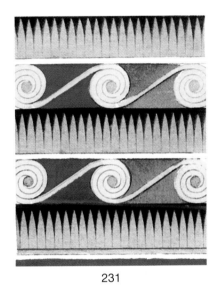

231

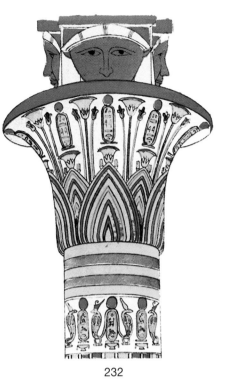

232

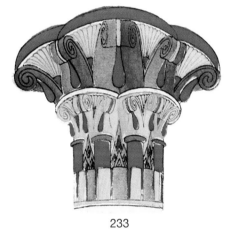

233

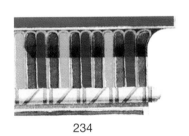

234

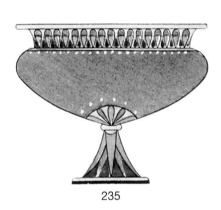

235

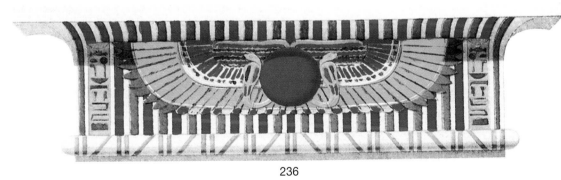

236

237

238

239

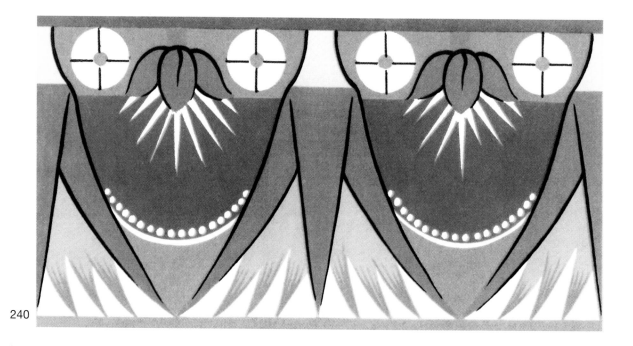

240

241

242

243

244

245

246

247

248

249

250

251

48